CONTIGO
todo me late

Contigo todo me late

© Del texto: Pablo Guerrero Calderón
© De esta edición: NPQ Editores
www.npqeditores.com
edicion@npqeditores.com

Primera edición: junio, 2024
Impreso en España

PEFC

Los papeles que usamos son ecológicos, libres de cloro y proceden de bosques gestionados de manera eficiente.

ISBN: 978-84-19924-80-3
Depósito legal: V-2209-2024

PABLO GUERRERO CALDERÓN

CONTIGO
todo me late

contenido

PRÓLOGO

Páginas que expresan los sentimientos llenos de amor
romántico de mi enamorado corazón.

Reflejo en mi interior de lo que experimento en el exterior,
algo tan inmenso e intenso que me produce una gran
ilusión y satisfacción.

Pero que, a la vez, es tan complicado que muchas veces
no sé cómo acertar, lo que sí sé es la gran enseñanza que
de ello he aprendido, que no es otra que el realizar tu
vida con amor sincero, yendo siempre con respeto y con
firmeza. *Contigo todo me late* es todo ello y más,
lo que siento y amo de verdad.

Cuida bien tu mente y disfruta de manera placentera
esta vida hermosamente.

PABLO GUERRERO
CALDERÓN

el amor

Pienso mucho en ti
y feliz voy a dormir.
Esa sonrisa y mirada preciosas,
que me halagan y enamoran.
Esa sabiduría que trasladas,
que me apasiona y llevo a la práctica.
Soy consciente de que esto tan bello
que me ocurre por dentro
es complicado y lo respeto.
Deseo todo lo mejor desde mis adentros,
miro por mí y por ti con salud, felicidad y amor.

Olvido y aprendo del pasado sin lamentos.
Disfruto del presente con entusiasmo.
Escribo mi futuro con buenos deseos.

siempre más y mejor

Cada vez me sorprendes más y mejor,
cómo puede ser que me dé tantas vueltas
el corazón cuando te siento a mi alrededor.
Inmensa complejidad me dejan secuelas
en mi mente sin que me pueda concentrar,
pero al mismo tiempo qué mágica felicidad
me causa tu hermosa belleza al contemplar.
Increíbles sorpresas me das con tu originalidad,
las recibo con todo el amor que me das,
quedándome pensativo y sin palabras,
todo mi corazón te regalo sin más.

ains, qué bonito

Cuán bello sentimiento percibo por dentro.
Por más que lo pienso,
¡¡¡sucede algo nuevo!!!
Desorden es lo que acontece en cada momento,
¡¡¡ordenarlo es lo que más quiero!!!
Qué será aquello que nos depara el tiempo.
El no saberlo, ¡¡¡qué tormento!!!
¡¡¡Ainssss, cuántas emociones!!!
Siempre me respondo que todo es bonito.

Pablo GC

nuevo

Ha comenzado una nueva etapa,
todo es increíblemente extraño,
siempre a tu lado extraordinario.
Aquello contigo tan hermoso,
mágicamente cuadro precioso,
tan único y auténtico como tu beso.
Me parece como un sueño,
para mí todo esto es nuevo.
Feliz me siento en el jardín secreto,
pues contigo me quedo.
Amo y quiero, vivo enamorado
de tu olor, de tu pelo, de tu cuerpo.

FLOR estrellada

Mirar con verdadero amor
lo que tu corazón te dice
es ver una flor hermosa
en medio de las estrellas.
Enamorarte en realidad de alguien,
qué alegría de amor tan grande.
Una estrella gigante lanza una rosa al aire,
que atraviesa tu corazón humilde al instante,
se queda en ti, te acompaña a todas partes,
quedando bien feliz y con amor por tu parte.

amar con amor

Cuando le dedicas a otra persona todo tu ser,
todo tu cariño humano, te sientes querido
y dichoso, pues para mí es eso,
el querer con amor, dar todo tu cariño
de corazón, con empatía y pasión.
Lo bello es que, al dar todo ese amor,
se reciba todo ese cariño en tu interior,
al no percibirlo con todo lo mejor,
te sientes abrumado y herido de dolor.
Vive la vida con lo que quieres,
con humor, compasión y cariño.
Interésate por todo lo que quieras
y cumple todo lo bueno que puedas.

Las señales

Todo pasa por algo, nuestro destino tenemos marcado,
para ello nos vienen señales, las cuales nos marcan el
camino a seguir. Guíate bien gracias a personas de buen
corazón, mente y espíritu, personas que te quieren de
verdad, tu buena familia, y mira siempre
las rosas hermosas de la vida.
Esos tres puntitos que guardan muchos recuerdos y
momentos bonitos que te abastecen de
tremenda alegría y bienestar.
Esos ruidos que escuchas en tu cabeza, tú mismo los creas,
haz música de esos ruidos, cierra la puerta, pues se ha
abierto un enorme ventanal, y baila tu vida.

Frenesí

Es increíble cómo una persona te puede conocer
tanto desde hace tan poco.
Es algo sorprendente cómo alguien se enamora de tu
persona tan rápidamente que no te das ni cuenta de lo que
te está pasando, no sabes qué te ocurre y a la vez sientes
un amor tan grande que no puedes explicarlo.
Solo te dejas llevar por este frenesí de sentimientos y
emociones sin fin llenos de alegría. En lo que tu cuerpo
enloquece de pasión y tu corazón se llena de amor, es
cuando entiendes lo que es querer a una persona,
dándole todo tu ser.

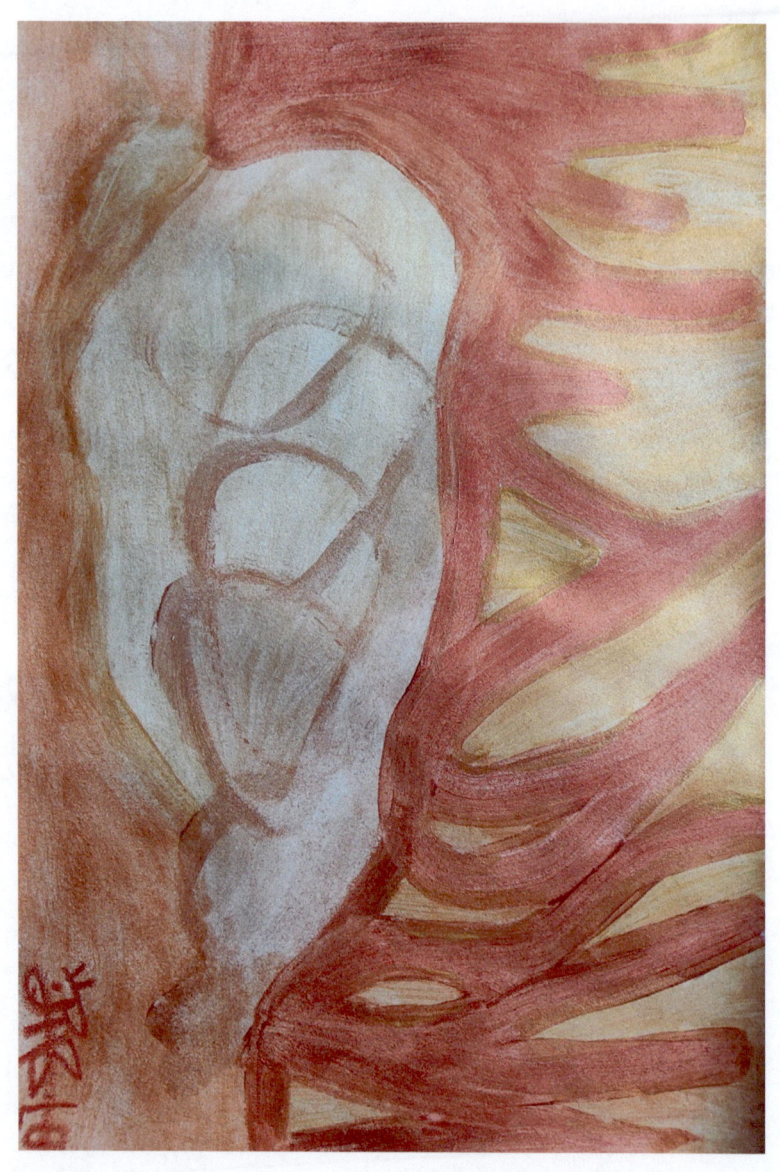

La pasión

Mi corazón enamorado enloquece,
al sentir la infinita pasión que crece
en mi interior, mi alma se estremece
y me lleva feliz como se merece
a tus brazos apasionadamente.
Contigo soy yo y yo soy contigo,
pues todo en mí se mueve a tu alrededor,
siempre pensando en ti, corazón,
apasionado, resuelto, muy feliz.

sentidos

Dime cuándo puedo escucharte,
pues mis oídos ansían oírte;
dime cuándo puedo hablarte,
pues mi boca pide besarte;
dime cuándo puedo verte,
pues mis ojos, felices al observarte,
están enamorados de quererte.
Deseando estoy poder abrazarte,
pues necesito tu tacto al instante,
quiero oler tu aroma dulcemente
y con gusto verdadero desearte,
pues mis labios suplican amarte.

DiSCURRiR

Parece que el destino no termina
de unir lo que una vez empezó.
Parece que termina,
pero vuelve a empezar.
Todo lo que parece acabarse
comienza sin más
siguiendo su curso alegre,
¡¡¡como un río seco
llenándose cuando llueve!!!
Todo lo que ha nacido con la verdad,
siempre se queda y nunca se olvida.
Todo siempre será lo que tenga que ser.

ojalá

No se dan las condiciones ni circunstancias
adecuadas para bien desempeñar tu esencia
y unirte a tu persona amada en consecuencia.
Ojalá se den los buenos deseos
que prefieres poseer en tus manos
y con tu apreciado corazón abrazarla,
para poder así hacer realidad tus sueños.
Lo que quieres y ansias tener
se escapa de tu increíble ser,
pídelo con pensamientos buenos
y toma todo lo mejor siempre bien.

Regala vida

La vida nos regala un nuevo día, querida,
lleno de grandes ilusiones renovadas,
nuevas oportunidades y energías positivas
que nos aportan grandiosas alegrías.
Campo de girasoles radiantes de luz bella,
pues eres la luz que ilumina mi vida.
Majestuoso girasol adorna tu cuerpo,
recordándote el cielo y los seres queridos
todo lo grande que eres, mi amada hermosura.

amor verdadero

Aparte de mi familia, nunca había sentido algo tan
especial por una persona como siento ahora. Nunca antes
una persona me había transmitido y demostrado tantas
cosas bonitas llenas de verdad, cautivadas de amor sin igual.
Esa complicidad que hemos establecido en tan corto
periodo es recompensada tan grande en el tiempo,
pues todo brilla por ti, sin lamentos.
«Todo transcurre de forma normal,
todo fluye de manera natural».
Algo que estaba dormido en mis adentros, tú lo has
despertado con gran esmero. Un hermoso aliento de aire
fresco recorre mi cuerpo, mi mente se embriaga de tu
magia. Transmitirte desde lo más profundo de mi persona
que te quiero, deseo y pienso a cada momento. Con toda
la verdad que habita en mi corazón, pendiente de ti estoy,
cuando escucho tu llamada, corriendo voy. *Ciao, bella.*

eL eDén

Con el gusto secamos el manzano,
desterrándonos del jardín de la mano,
separándome de ti por un momento,
pero con el baile se renueva el viento.
Renace con placer la vida al instante,
me apresaste llevándome a todas partes,
con cariño te ansío y más deseo amarte,
con mi amor sincero quiero purificarte.
Nuestro cuadro está pintado con colores de amor.

paseos reflexivos

Paseando por mi hermoso paraíso,
te pienso y me siento muy enamorado,
pues nuestras estrellas y destino
asín lo han querido y deseado.
Desde mi corazón quiero amarte,
a cada momento deseo abrazarte
y toda mi felicidad desearte,
mejor siempre mi vida enseñarte
y mi bien más valioso regalarte.

Pablo Guerrero
Calderón

a gusto contigo

Entre tus brazos abrazarte deseo, divina,
pues qué a gusto y feliz en común, querida.
Tu gran esencia la percibo con entereza,
tu majestuoso aroma lo guardo con grandeza.
Cuando estoy contigo todo es bendecido,
cuando estoy sin ti todo es aburrido,
cuando te alejas todo en mí es maltratado,
cuando te pienso todo en mí es curado.
Toda la vida parece que he pasado a tu lado,
hermosa complicidad, quedo entusiasmado,
de tu grandiosa belleza resulto bien fascinado,
por tu gran corazón quedo bien enamorado.

Bella Grandiosa

Grandiosa, por ti vivo eclipsado,
en este continuo sueño ansiado,
perplejo resulto bien fascinado,
mirándote muy ensimismado,
eternamente enorme enamorado.
Dichoso me encuentro contigo,
gran júbilo finalmente conmigo,
por tenerte entre mis brazos, cariño,
y me sientas tan amado y querido.

Te Quiero mucho

Vas conociendo a personas, pero son fachadas que no
guardan nada, te transmiten vacío, solo esa hermosa rosa
que ha florecido en mi ser, a la que deseo y quiero cuidar
todo lo mejor posible, me transmite de corazón y amor
verdadero toda la grandeza que lleva dentro.
Gracias le doy al cielo por este bello destino, todo ello lo
voy a conservar por siempre, muy apreciada, querida y
amada mía, pues solo tú eres lo más grande de mi vida.
No puedo aguantar todo el inmenso e infinito cariño,
alegría y felicidad que por ti siento,
demostrándote el amor que te tengo.
Quiero abrazarte, besarte, acariciarte y mirarte a cada
instante, tu majestuosa persona me enamora y halaga, tu
mirada y sonrisa me apasiona y enloquece, sentirte dentro
de mí es lo que más deseo en la vida con toda mi alma.

admiración

Enorme admiración tengo hacia ti,
cada día aprendo algo nuevo de ti,
pues no sé qué haría sin ti.
Bellos sentimientos me invaden por dentro,
sorprendido y sin palabras me quedo
al expresar todo el amor que te tengo.
Lo bonito que es trasladar con amor
tus pensamientos, qué felicidad siento.
Mi regalo es compartir mi vida a tu lado.
Y tú, linda flor, perdón por mis comentarios en ocasiones
vulgares, la belleza tan grande que tienes tanto por
dentro como por fuera me enloquece y alegra. Hermosas
emociones inundan mis adentros y las saco
hacia fuera con ardiente talento. Todo ello tú me lo
transmites con enorme sentimiento.

Representación

Cantidad de encantadores pensamientos
se convierten en hermosos sentimientos.
Cual bellas cabalgan mis emociones al viento,
ofreciendo una buena conducta al saberlo.
Teniendo cuidado voy caminando sin miedo,
representando así mi forma de ver la vida,
mi manera de ser, sin omitir ni repetir nada.
Todos los sentimientos que por ti siento.
Sorprendido de los resultados me sigo quedando,
de los acontecimientos que van sucediendo,
pues si algo es cierto es lo que voy consiguiendo,
con júbilo, dicha y orgullo lo voy obteniendo.

*Pablo Guerrero
Calderón*

LOS COLORES DE LA VIDA

Mezcla de colores preciosos discurren
por mis pensamientos con desorden,
todas mis emociones bellas fluyen
y con felicidad mi corazón reluce.
Desde la lejanía te pienso con alegría,
cada instante vivido lo recuerdo con armonía.
Acontecimientos vividos con colores lindos,
de una vida llena de momentos bonitos,
pintan toda tu viveza con tonos hermosos.

momentos

Sucesos acontecidos de relevancia,
que te emocionan con elegancia,
sé constante con perseverancia.
Disfruta de momentos vividos con delicadeza,
encuentras lo que buscas en consecuencia,
agradece cada instante con vehemencia.
Procedimientos con los que adquieres experiencias,
vive tu vida con felicidad, amor y grandeza.

Pablo Guerrero
Calderón

Qué te deparará la vida

Paseando voy pensando
qué será aquello tan bello,
cuyo futuro nos tiene preparado
todo acontecimiento para ello,
todo lo bueno deseo poseerlo.
Me gustaría saber qué quiero y dónde voy,
pues todo lo sé y a la vez no sé nada.
Mi amor intenso me hace ver todo lo inmenso
que podemos ser dando todo nuestro universo,
valora lo que eres, lo que posees, el incienso
de tu gran vida no se apaga, es lo que pienso.

QUERER ES PODER

Un beso grande ansío darte,
entre mis brazos abrazarte,
querer y poder amarte.

Yo me amo a mí siempre en todo,
estar solo contigo quiero,
pues verdaderamente es lo que deseo.

Lucho cada día con mi persona,
con todo el amor que le tengo.

Todo ello quiero, con todo ello puedo,
a ti, hermosa, te deseo.

constelaciones

Mundos diferentes y semejantes
me invaden y emocionan por todas partes
gracias a ti, mi preciosa estrella radiante.
Hermosas luces amarillas fugaces
formando con planetas bellas constelaciones,
que con el paso del tiempo renacen,
en mi corazón permanecen al instante.
Todo lo sinónimo y lo opuesto
me embriaga por dentro,
tu amor en mí al descubierto,
en buena paz permanezco.

Pablo Guerrero
Calderón

inspiración e ilusión

Experimento una pasión muy fuerte
al estar a tu lado entusiasmado,
todo en mí está inspirado e ilusionado.
Corazón de fuego desenfrenado,
discurre por mi cuerpo alborotado
sangre placentera caliente
que me llena de enorme gozo ardiente.
Pensamientos de amor me irrumpen,
mi cabeza se focaliza en tus labios,
mi boca está deseando converger
con la tuya llegando al orgasmo.

CARTAS DE AMOR

Bello consuelo encuentro en tu bonita carta,
mi espíritu se alegra con tan hermosa prosa;
lindas palabras transmitidas con tu gran alma,
preciosa escritura y tierna sonrisa en mi cara.
Una y otra carta ansío leer con todo mi amor,
una y otra poesía te escribo de buen corazón.
Escucho la música que sale de tu voz,
percibo tu dulce aroma de fresca flor,
más y mejor camino feliz a tu son.

escuchar

Para mí prestar verdaderamente atención a otra persona
demuestra el sincero sentimiento hacia ella.
Escuchar, valorar, entender, ponerte en su lugar,
desear lo mejor de corazón, acordarte, pensar en ella,
entre otras muchas cosas, es la conclusión de todo el amor
que le ofreces a una persona.
Sin embargo, de la complicidad a la complejidad hay un
pequeño paso, que sin darte cuenta pasas sin querer,
pero que aprendes de ello y lo tomas en cuenta.
Llévalo a tu experiencia y, en consecuencia,
actúa con tu esencia.
Un abrazo verdadero todo lo cura.

LOS DOS SOMOS UNO

El pensarte con otra persona me mata,
porque te quiero a mi lado, fiel amada.
Deseo que estés conmigo a cada instante,
quiero tomarte entre mis brazos y abrazarte,
rozar mis labios con tus labios y besarte,
juntar mi cuerpo con el tuyo y amarte,
que nuestros cuerpos se fundan en uno y mirarte.
Te adoro y te amo a cada momento,
fiel y amada, flor hermosa al viento,
toda tu felicidad es lo que más quiero.

La ventana

Al mirar por la ventana y fijarte en el cielo,
sacas fuera íntegramente lo que llevas dentro,
vas analizando tus emociones al viento.
Ofrece al firmamento tus pensamientos,
deja que los seres queridos impregnen
en su totalidad con bondad tus sentimientos,
constantemente que te embriague los ojos
aquella persona que te apasione con su don.
Días y noches enamorado de la luz que entra
por la ventana rosa, quedándome sin palabras,
dejando amoroso lo que el cielo nos regala.

Pablo Guerrero
Calderón

Piano

Cual piano suena suavemente,
transmitiendo la música bellamente,
resuenan armonías sorprendentes,
sucesos increíbles acontecen.
Te deslizas enamoradamente
por las teclas de esta dicha tan viva,
cada perspectiva te acerca a tu figura,
quedando impactado genialmente.

caminando

Perdido entre los eucaliptos,
voy caminando despacito,
poco a poco el mal me quito.
Siempre con tan poquito
cuanto grande recibido.
Por más que insisto
en tan bello paseíto,
cuántos pensamientos
me vienen y no olvido,
qué felicidad que necesito.
Persigo con fascinación
tu esencia con satisfacción.
Pues tú, cariño, todo ello
lo haces con buen amor
en todo mi corazón.

Pablo Guerrero
Calderón

La paloma

Esa paloma blanca con alas azuladas,
que vuela por el cielo hacia tu ventana,
se ancla y te canta cada mañana
mi bella poesía gran apasionada,
cada noche, cada madrugada,
cuán bonita eres, buena estimada.
Luminosa paloma que se posó
en mi corazón y en él depositó
todo su gran amor más hermoso,
ricamente guardado lo conservo,
todo ello de verdad bien lo observo.
Preciosa paloma vuela con tremenda felicidad
hacia destinos de espléndida majestuosidad
sin saber qué te deparará tu enorme libertad.

aL Revés

En un suspiro de aliento,
todo se vuelve del revés
y no logro entenderlo,
por qué me pasa esto,
consigo lo que quiero
y no estoy del todo
a gusto con ello,
pues mis pensamientos
me remueven por dentro.
Grito que me dejen tranquilo,
por fin, en el último momento
y gracias a ti, en paz me encuentro,
feliz estoy de tenerte en mis adentros.

Pablo GC

La oscuridad

Estado ennegrecido en el ambiente,
oscuridad que siento al no verte,
tinieblas tenebrosas parecen verse,
al no tenerte ni poder desearte de frente,
aliviado y amado quedo al escucharte.
Bendecido por la luz que mana de tu ser,
la felicidad en mi persona consigo ver,
claridad de la rosa empieza a florecer,
gracias al señor la iluminación resplandece,
nuestros seres queridos lo agradecen.

Descontrol

No poder parar mis sentimientos
que me hacen enloquecer de pasión,
no tener el orden de mis pensamientos,
de las emociones que producen en mi corazón
un tremendo y frenético amor sin control.
Parece que mi mente quiere parar,
pero mi cuerpo no le deja y quiere más,
mezclándose en una mi alma con la tuya,
fundiéndose con amor mi corazón con el tuyo,
nada se te puede comparar, eres única sin más.
Experimentar lo que realmente siento,
no tengo palabras para definir lo que pienso,
todo me estremece y atrae al mismo tiempo,
pues arrebata mi conducta y no puedo.
Me quedo parado, mirándote y sintiéndote,
más y mejor de nosotros en todo, siempre.

miedo a lo desconocido

Yo también tengo miedo, porque todo esto para mí es
nuevo y actúo como siento, me haces sacar toda mi
esencia y felicidad de verdad.
Y sí, tengo miedo, pero todo el amor que siento por ti
puede con ello y no lo puedo evitar, darte con toda mi
alma un abrazo apasionado deseo.
Hacer lo correcto es hacer lo que te dicte tu corazón,
lo que anheles en realidad.

CRUDA REALIDAD

Te produce un gran dolor la cruda realidad
cuando lo que pasa no te gusta de verdad,
pero todo ello lo repone alegre tu felicidad.
Donde hay amor no hay dolor,
pues el clamor de lo sucedido que bien avenido.
Qué martirio todo lo que piensas, querido,
no hagas caso a lo malo, quédate con lo bueno.
Todo lo pasado es para darte cuenta de tu bien.

Pablo Guerrero
Calderón

YO QUIERO DARTE

Todo lo que soy, todo lo que siento.
Aguardo enamorado tu encuentro,
como las flores la luz del firmamento.
Alegre se viste el manto tan bello
de tan grandes momentos, mi cielo,
un abrazo y beso, darte mi amor deseo.
Yo quiero darte con todo mi corazón
todo mi ser con cariño y pasión,
pues tú todo ello me lo transmites,
el amor contigo a cada instante.
La vida me ha traído lo más bello,
darte todo mi amor más bonito quiero.

para mí

No hay nada más bonito que el amor
cuando es correspondido y querido.
No hay nada más bello que amar
a la persona que tú quieres y te quiere.
No hay nada más hermoso que el escuchar
a tu ser amado y valorarlo como se merece.
No hay nada más precioso que abrazar
y sentir con el corazón todo ese amor.
Por ti siento todo amor sincero sin más.
Sin ti estoy triste, contigo estoy alegre, soy feliz.
El amor no se puede explicar,
experiméntalo, nada más.

Pablo Guerrero
Calderón

intenso

Caen del cielo rayos y centellas,
como si de un cuento se tratara,
mi vida se ha convertido en un sueño
del que no puedo ni quiero despertar
y que bellamente se ha hecho realidad.
Amor intenso vivimos los dos tan apasionados,
produciéndose un *big bang* de sentimientos
extraños y amorosos en nosotros sin control,
locamente envuelto en un estado perseverante,
atormentado y con fuego de calor radiante,
enloquecen nuestros pensamientos,
llenando el vacío de vivencias sin palabras
y de sonrisas y divinas miradas infinitas.

paisana

A las orillas del Guadiana,
qué bella resplandeces, mi amada.
Qué bonita eres al verte de madrugada,
pues tus luces iluminan mi alma,
la cual, apagada y marchitada,
gracias a ti, hermosa,
¡¡¡resplandece vigorosa!!!
Al pasear contigo, paisana,
mi alma florece apasionada
a las orillas del Guadiana.

contigo todo me late

Me llevas por caminos inesperados,
todo es tan mágico a tu lado
que quedo anonadado
solo de pensarlo.
Deambulo alegre gracias a tus pasos,
pues me alegro al pensarte,
mas quiero verte y amarte,
contigo todo me late.
Me llevaste al Salvador
y me salvaste, amor,
me diste la fruta de la pasión
y me enamoraste, corazón.

TÚ Y YO

Me paro a pensar en tu hermosura,
no encuentro palabra alguna
para poder definir tan buena persona,
tan linda andadura, por esta vida tan dura.
«Sentado en mi paraíso,
me imagino abrazados
contemplando el destino,
bello sentimiento querido».
Tú y yo amándonos bajo un manto de estrellas,
con la luna como testigo de tanta maravilla,
tremenda locura desbordada placentera,
con todo mi corazón, te regalo mi amor, Julieta.

INCREÍBLE

No puedo articular palabras para transmitirte todo lo
que pienso y siento por ti, es algo increíblemente sincero,
especialmente mágico y lleno de un gran amor infinito que
nunca antes me había pasado, por lo que me encuentro
muy feliz, lleno de júbilo y muy dichoso por ello, por todas
las emociones tan preciosas que me regalas con tu amor.
Quiero moverme de la mejor manera posible, con buena
conducta para mi persona, y desearte todo mi profundo
amor más verdadero con toda mi alma. Siempre estás en
mi corazón, muy contento, afortunado y agradecido de
tenerte en mi vida tan bonita.
Ante todo, quiero y deseo siempre tu bien y
felicidad en tu bella vida, hermosa persona,
pues eres muy importante para mí.

PROCESOS

Muchas veces las cosas no salen
como quieres, por lo que no te obceques
en nada, no te obsesiones ni perjudiques,
pues en todo tu buen porvenir enfócate
y verás que bellos resultados obtienes.
Sé consciente y perseverante en tu vida
para tu bienestar, rodéate de buenas cosas,
dibuja y colorea feliz en tu cara sonrisas,
toca cuidadosamente la música de tu vida.
Cual excelente y honesta persona que eres,
excepcional y honesta persona mereces,
pues ya la tienes, afortunado te sientes,
feliz te hace, tu amor das completamente.

Pablo Guerrero
Calderón

La importancia del amor

Hermosa sensación sentí cuando lo dejé todo y por
amor me fui al dulce encuentro, estaba nervioso y lleno
de grandiosidad, pues en mi destino me aguardaba con
majestuosidad la persona que quiero con felicidad,
sin saber lo que allí me iba a deparar, no me lo pensé ni
dos veces y cogí carretera y manta.
Cuando llegué qué gran sorpresa le di a mi amada, la cual
me encontré muy bella, regalándome toda la felicidad y
alegría con su brillante sonrisa bien parecida.
Preciosos momentos a su lado, sin comer, sin dormir,
pero lo más importante era darle mi cariño,
buenos deseos y estar a su lado.
Llegué a la parroquia y con todo mi amor le recé a
nuestros seres queridos, con la Virgen y nuestras rosas
como testigos, para la pronta y buena recuperación de mi
amada, pues todo su bien y felicidad es lo que más quiero.

estar en una nube

Voy caminando por las nubes de mi sueño
sin reparo alguno, como va saliendo, risueño.
Me mezclo dormido en mis pensamientos,
no quiero despertar de mis sentimientos;
pues permanezco inmóvil, sumiso y quieto,
cual hermoso gatito esperando su destino.
Cayó del cielo una preciosa estrella de pasión,
posándose con luz y amor en mi corazón,
una majestuosa y bella rosa floreció;
todo lo genuino de mi persona salió,
muchas gracias, te quiero un montón.

BELLO DESTINO

Aquí nos vemos los dos en este bello destino, algo tan fácil
y verdadero como lo natural, todo ello a la vez,
tan difícil y complejo como el amor de verdad.
Pues qué es el amor, sino algo bello que
se transmite con el corazón.
Donde habita el amor, no hay cabida para el dolor.
Jeroglíficos que expresan todo lo que siento en mi interior,
los dos cuerpos, con su mente y alma, llenos de hermosos
colores alegres se funden formando uno solo, en un
increíble y sorprendente sueño de fraternidad
de dos seres humanos bien amados.

Reencuentro

Alegres emociones me afloran por dentro,
hermosos vestigios de amor verdadero,
al volverte a ver de nuevo, bello sentimiento,
ganas de ti siempre tengo, saber de ti deseo.

Constantemente te observo en silencio,
impresionado resulto, pues no te miento
y más de ti anhelo, entre mis brazos te quiero.

ángel de amor

Mi dulce ángel de amor,
tierna y apreciada compañía,
no me dejes ni de día ni de noche,
sígueme siempre como yo te sigo,
protégeme por favor de todo, fiel amor.
Una vez más sucumbí a mi debilidad,
a todo aquello que me quita felicidad,
que me destroza y mata con frialdad.
Muchas gracias por levantarme,
por darme fuerzas y a casa llevarme,
con todo mi corazón te quiero, quiéreme.

Pablo Guerrero
Calderón

Hermosa Flor

Bellos vestigios de amor deambulan
por mi persona y no me abandonan.
Eres hermosa como una linda flor,
cuántos hermosos recuerdos, preciosa,
mi tierna alma permanece ansiosa,
nervioso estoy por verte, mi amada.
Me inspiras tantas cosas bonitas
que todo ello lo realizo con maestría.
Inmensas personas llenas de magia,
llegan desde el cielo a tu vida.

seres queridos

Una fuerte energía positiva inunda mi sangre,
mi cuerpo se paraliza abastecido de gozo.
Sensación de enorme pasión y devoción,
recuerdos alegres me vienen a la mente,
suelto lo malo, me apodero de lo relevante.
Me acuerdo mucho de mis seres queridos,
feliz permanezco de tan bellos sucesos,
pues ellos me han traído a mi vida lo bueno,
tu cariño, que tanto anhelo y amo.
Grandiosa ilusión, poderoso sentimiento,
respiro del aire que de vosotros experimento.

aLeGRía

Botes y probetas aparecen
hermosos en el escenario,
comienza con alegría
y alevosía el ensayo,
con grandeza prosiguen
felizmente los experimentos,
concluyendo amorosamente
con bellos colores los resultados,
a tu hermoso lado
en este lindo marco.

COMPLICIDAD

Felicidad que en mi alma asoma,
qué complicidad tan hermosa,
despertarme a tu vera quiero ahora,
pues deseo abrazarte con mesura
y besarte con ardiente locura.
Te quiero en mi vida, das alegría a mi dicha
como esa luz grandiosa al alba, mi querida.
Esas risas contigo, esos sueños compartidos,
tan amados y bellos momentos vividos,
a tu lado todo es divino.

La mirada

Impregnado de tu belleza, quedo impactado,
atrapado por tu mirada, permanezco callado,
al mirarme, alegre sonrío al contemplarte,
hermosa complicidad amada resultante.
Quiero acercarme y susurrarte que vengas,
quiero que vayamos a un lugar mágico
abarrotado de lindas rosas rojas que cuelgan
de un cielo estrellado iluminado por tu mirada.
Tranquila, no tengas miedo, confía en el amor,
sentado meditando te espero, mi corazón.

Pablo Guerrero
Calderón

Leona

Cada día a tu lado es una nueva ilusión que compartir,
nuevos momentos para los dos llenos de felicidad,
amor y pasión por esta vida que tú haces todavía más
bella, aportándole luz a mis noches y alegría a mis días,
dulce cobijo encuentro contigo, mi muy querida y
amada leona mía, de mi alma y mi vida.
Hermosas palabras me brindas, traes a mi persona
preciosas inspiraciones, cara mía, halagado y agradecido
por ello quedo, mi fiel y apuesta compañía, todo por ti lo daría.
Gracias a ti sé el significado del verbo querer, del verbo
amar, gracias a ti sé que la magia es real,
porque quiero y amo tu magia.
Que siempre nos escuchemos y valoremos.

Divina Belleza

¡¡¡La belleza se avista a leguas!!!
Movida por la inquietante marea.
Bella y hermosa en el horizonte me contempla,
al mirarla, qué bello sentimiento en mí aflora,
cautivando mi mente de repente.
¡¡¡Aguas cristalinas ardientes!!!
El azul del agua se mezcla con el rojo del fuego,
impaciente, ansío felizmente y con amor verte.
Toda mi vida vivirla a tu lado, hermosa y amada mía,
de mi alma marchitada y bien querida, renacida de entre
las cenizas y resucitada tan divina, un beso al alba
y a la noche tardía.

Pablo Guerrero
Calderón

eL BaiLe

Juntarnos en un baile agarrados
e ir hacia donde la música nos lleve,
bien avenidos por lo sucedido,
bella te deslizas y hermosa te mueves.
Cuán bello cuerpo tienes, gran ritmo sientes,
pues todo lo bonito que posees
con gran elegancia lo despliegas
captando toda mi atención, me halagas.
Siempre lo que tú concedes
es todo lo que de ello obtienes,
sabiendo que no hay nada inmediato,
que cada cosa lleva su valioso tiempo.

cerquita tuya

Felicidad que en mi alma asoma,
alegría que no me abandona,
en mi corazón y mente estás,
cerquita tuya prefiero estar.

Quiero abrazarte con mesura,
deseo besarte con locura,
al alba amarte, bella aurora,
y al amanecer entre tus brazos estaré.

a tu lado

Todos los momentos contigo
son especiales,
diferentes al resto
y a la vez tan espectaculares.
A tu lado mi vida ha cambiado,
todo lo oscuro se ha iluminado,
en todo momento me he preguntado:
¿¡Tenía que pasar una vida atormentado...!?
Por pensamientos mal ordenados,
por decisiones mal concretadas,
por estados de ánimo deprimidos.
Gracias a nuestros seres amados,
todo en mí, contigo, ha mejorado.

*Pablo Guerrero
Calderón*

montaña Rusa

Mezclas de sentimientos suben y bajan,
como una montaña rusa cabalgan
por mis pensamientos de madrugada,
fuertemente me agarro a la almohada,
deseando que estés conmigo, amada.
Te pienso cada día, cada noche,
a cada momento más te quiero,
feliz me encuentro cuando te siento.
Felicidad la mía de tenerte en mi vida,
bella rosa, querida y amada mía.

Lejanía

Fuera la lejanía si te siento cerca,
dentro el amor de profundo eco,
que resuena en mis adentros
observando la luna con alegría.
Trasciende en mí la llama del amor,
todo lo bueno se transmite con pasión,
siempre amanece un nuevo día de ilusión,
anochece los momentos llenos de calor.
Fuego del dragón avivado
por la mirada de tu girasol,
bella paloma que rosa floreció,
resplandeciente por el sol.

Pablo Guerrero
Calderón

Las cosas del amor

Las locuras que se hacen por amor, es increíble lo que
los sentimientos te pueden causar y cómo actuar para tu
bienestar, todas las sensaciones alegres siempre cuidar.
A todos los pensamientos que vienen a tu cabeza llenos
de maldad, no les hagas caso, obedece a los razonamientos
positivos de verdad y mira por tu felicidad.
Las cosas pasan por algo, calma tus estados de ánimo,
no pienses lo que no es, piensa lo que sí es y actúa en
consecuencia con tus buenas emociones para tu bien.
Todo mi amor es una rosa, la quiero con amor.

LOS PASOS DEL AMOR

Amarse con la persona que quieres
es lo más grande que prefieres.
Sintiéndolo en lugares insólitos,
me produce un morbo apetitoso,
puesto que no todas las personas
me transmiten las mismas cosas.
Pasos vienen y van por este camino
lleno de complejidad, por un destino
que es real, todos esos pasos dar
y en su lugar no se puede parar.
Cuando alguien quiere verdaderamente algo,
no hay tiempo, pues es lo que pienso.

naturalmente mágico

Sale la magia de lo natural,
pues siento que nada es casual.
Continuamente mi enorme amor dar,
de las experiencias reflexionar.
La demora se me hace eterna
cuando te pienso, mi princesa.
Mis brazos te esperan,
mis labios te anhelan.
Más y mejor quiero sentirte, amada reina.
Asimilar bien aquello vivido,
no se olvida todo lo bello sucedido,
mágico lo bueno que queda por venir.
No hay que lamentar lo que sale de verdad,
todo el bien sin más, toda esa felicidad.

Pablo Guerrero
Calderón

sensaciones

Extrañas sensaciones percibo por mi forma de ser
y tomarme las cosas a mi manera.
Toda la noche te noté muy distante,
te escribí y no me respondiste,
no lo entendí y me sorprendí,
pues qué voy hacer si te amo a cada instante,
si todo lo que deseo y quiero es amarte,
no lo comprendí, a lo mejor me confundí.
Muchas veces no se terminan de saber las cosas a ciencia
cierta, quedándose en tu interior esa sensación rara,
bajo mi parecer, la sinceridad y el buen diálogo
contribuyen a la sanación de esa sensación que nos libera,
practiquemos las personas esa liberación.

DISFRUTE

Es lo que quiero y deseo,
contigo todo es querido,
mi cariño bien amado.
Mezcla de rojo apasionado
y blanco inmaculado,
en mi mente ilusionado,
por verte estoy entusiasmado
y un abrazo darte tan apreciado.
Todo lo realizo para tu bien esperado,
me equivoco sin quererlo, contigo me sincero,
pues te veo y me siento enamorado
por este amor feliz, alegre y alocado.

*Pablo Guerrero
Calderón*

música tenue

Con una luz tenue,
al son de la música lenta,
a tu encanto, bella desenfrenada,
despacio nos imaginamos
entre sábanas blancas
con aroma a canela,
nos juntamos, hermosura,
en un gran abrazo, querida,
qué bravura, preciosa mía.
Vivo enamorado de ti
hasta que muera.

asina es el alma

Impulsos extraños y amorosos
se producen en tu interior mismo,
todo ello lleno de romanticismo.
Sentir la necesidad de saber
lo que mi alma ansía querer.
Para mí es muy hermoso el transmitir
a mis seres queridos el amor sincero
que siento por ti y a la vez quiero
que te sientas bien y muy feliz,
siendo todo ello de los dos,
para la tranquilidad de tu bienestar.

PINTA TU VIDA

Vidas similares y parejas,
formas de afrontar esta dicha
de varias maneras parecidas,
etapas bien establecidas
que vas pasando como podrías,
lo mejor posible, en definitiva,
por y para cada cual bienvenida,
todo siempre con alegría,
felizmente con armonía,
divinamente querida esta vida.

especial

En la vida hay que vivir momentos especiales,
crear situaciones de ilusiones inolvidables,
acontecimientos únicos innegociables,
todo cargado de mucho amor incomparable.
Realizar algo nuevo que te motive
genera buenas emociones y vive.
Qué bonita que es la virtud,
siempre ha estado presente en mí,
pero no conseguía verla como la veo ahora
gracias a ti, pues todo ello me lo haces vivir.
Qué maravillosa sensación que experimento,
seamos virtuosos en la realidad de la vida,
vivámosla como realmente se merece,
contigo deseo vivirla, feliz con amor y en paz.

persona correcta

Qué bella persona te corresponderá,
cuál será la mujer correcta que bien te hará;
toda la felicidad que te mereces te dará,
paciencia, con cariño y el bien, todo te vendrá.
Bonito eres por dentro y por fuera,
disfruta de lo bello que eres sin fisuras.
Feliz de verdad te sentirás por lo cual,
pues es lo que te mereces sin igual,
siembra bien para obtener buen fruto.

Pablo Guerrero
Calderón

vive el presente

Muchas veces me invade la incertidumbre,
de si mi amada piensa en mí...
¡¡¡como yo pienso sin cesar en ella!!!
En poder verla, estar entre sus brazos,
¡¡¡hablar y reír con ella!!!
Pues por todo el amor que por ella siento,
todos mis pesares se curan al momento.
Me siento feliz porque ella piensa en mí,
me escucha y valora, enamorado estoy.
Quien bien piensa en ti, bien te quiere.
Compartir mi presente con ella quiero,
recordando con felicidad el pasado
y deseando un hermoso futuro,
solo los dos juntos con amor.

IDENTIDAD

Posees una luz especialmente original,
es lo que te caracteriza sobre los demás,
es tu sello de identidad, tu estatus en la sociedad.
Familiar belleza de gran majestuosidad,
clásica con toques de espontaneidad,
buena persona de bonita felicidad,
sorprendente con una alegría sin igual.
Todo con el tiempo se verá, como los
escritos ocultos los cuales requieren
de luz ultravioleta para ser vistos,
qué gran oportunidad para aprender
de las hermosas cosas nuevas sin más.

Divino vivido

Por todo aquello que me sucedía,
nunca pensé que llegaría este momento,
no imaginé que me pasaría esto tan bello,
pues por más que lo pensaba, nunca pasaba,
y una vez sucedido, qué mágico y hermoso
todo lo vivido, disfrutemos ahora de nosotros,
de nuestros momentos bien compartidos
y grandioso lo que nos queda por vivir, mi amor.

Divino tiempo vivido contigo, corazón,
el revolotear juntos, nuestro baile de pasión,
el cantarnos al oído nuestra canción.
Válgame Dios, abrazado a ti, mi amor.

PABLO GUERRERO CALDERÓN

aGRaDecimientos

Ofrecer mis agradecimientos, respetos y admiración a mi Julieta con todo mi cariño y el amor de mi corazón, por volver a traer a mi vida amor, felicidad, salud y alegría, es una persona muy buena, especial y hermosa.

Como siempre agradecer con mi cálido corazón a mis amados padres, a mis queridos hermanos y a toda mi estupenda familia por todo el cariño, buenos consejos, ayuda, dedicación, preocupación, felicidad y gran amor que de vosotros bien recibo.

Me quedaré siempre corto para poderos agradecer todo. Mi amor bien enamorado os regalo, os quiero y os amo mucho.

Un fuerte abrazo al cielo desde la tierra bonita.